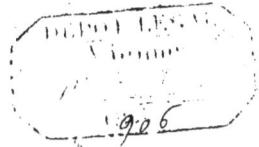

BARREAU DE POITIERS

LA SUPPRESSION

DE

LA PEINE DE MORT

DISCOURS

PRONONCÉ

A LA SÉANCE SOLENNELLE DE RÉOUVERTURE DE LA CONFÉRENCE
DES AVOCATS STAGIAIRES

Le 13 Janvier 1906

PAR

Jean SÉCHET

Avocat à la Cour d'Appel
Secrétaire de la Conférence

POITIERS

IMPRIMERIE BLAIS ET ROY

7, RUE VICTOR-HUGO, 7

1906

LA SUPPRESSION

DE

LA PEINE DE MORT

—×—

DISCOURS

PRONONCÉ

A LA SÉANCE SOLENNELLE DE RÉOUVERTURE DE LA CONFÉRENCE
DES AVOCATS STAGIAIRES

Le 13 Janvier 1906

PAR

Jean SÉCHET

Avocat à la Cour d'Appel
Secrétaire de la Conférence

POITIERS

IMPRIMERIE BLAIS ET ROY

7, RUE VICTOR-HUGO, 7

—

1906

IMPRIMÉ AUX FRAIS DE L'ORDRE PAR DÉCISION DU CONSEIL

Le 13 janvier 1906, à deux heures de l'après-midi, l'Ordre des Avocats à la Cour d'appel de Poitiers s'est réuni, en robes, dans la première chambre de la Cour, pour assister à l'ouverture des conférences du stage.

L'Assemblée était présidée par M. DUFOUR D'ASTAFORT, bâtonnier, entouré de MM. PARENTEAU-DUBEUGNON, ORILLARD, PAUL DRUET, SÉCHET et TORNÉZY, anciens bâtonniers ; FAURE, membre du Conseil de l'Ordre ; POULIOT, ORILLARD, DE LA GRANGE, DE POUTIER, DE ROUX, PINGANAUD, BARRUEL, PERCHERON et DE LA MESSELIÈRE, avocats inscrits au Tableau.

La barre était occupée par MM. les avocats stagiaires.

MM. OCHIER et MINOT remplissaient les fonctions de secrétaires.

M. le Bâtonnier, après avoir ouvert la séance, a prononcé une allocution. Il a ensuite donné la parole à M. JEAN SÉCHET, qui a lu une étude sur *la Suppression de la peine de mort*, puis à M. BRÉJON, qui a donné lecture d'un travail sur l'*Eloquence au Barreau*.

M. le Bâtonnier a ensuite réglé les travaux de la Conférence et la séance a été levée à quatre heures.

LA SUPPRESSION

DE

LA PEINE DE MORT

Monsieur le Batonnier,

Messieurs.

Depuis plus d'un siècle, des voix éloquentes et auto-
risées se sont fait entendre de tous les points du monde
civilisé, pour demander l'abolition de la peine de mort.
C'est, Messieurs, cette thèse à la fois légale et humani-
taire que je viens soumettre à vos méditations.

Les questions qu'elle soulève ont préoccupé grave-
ment les juristes, les économistes, les philosophes.
Elles m'ont donc semblé dignes de votre attention, et
j'ai cru, en les abordant devant vous, répondre sinon à
votre gré, du moins autant qu'il dépendait de moi, à la
bienveillante pensée qui me vaut aujourd'hui l'honneur
de porter la parole à cette barre.

Nous croyons trop aisément peut-être que l'opinion
abolitionniste ne compte pour elle en Europe que des

utopistes ou des rêveurs qu'aveuglerait un excès de sensibilité. Détrompons-nous, Messieurs, et ne soyez pas surpris de trouver au contraire parmi ses adeptes les plus énergiques, des noms illustres, non seulement dans la science, mais encore dans la magistrature, le barreau, et les régions les plus élevées de la politique. Dois-je rappeler ceux de Dupin aîné, de Léon Faucher, de Victor Hugo, de Lamartine, de J. Ferry, de Louis Blanc, de Gambetta, de J. Favre. Ces noms d'hommes éminents ne sont-ils pas une preuve manifeste que la question de l'abolition de la peine de mort, sortie du domaine des spéculations philosophiques, est entrée depuis longtemps dans les préoccupations des hommes les plus graves.

Parmi les abolitionnistes, Beccaria fut le premier qui prononça ces paroles auxquelles on ne peut refuser de reconnaître une certaine logique : « L'homme, n'ayant pas de droit sur sa propre vie, n'a pu céder ce droit à la société. Le droit de l'homme à l'existence est inviolable, et dès lors la société ne peut, dans aucun cas, ôter la vie à l'un de ses semblables. »

Condorcet déclare que « la peine de mort est contraire à ses principes et qu'il ne la votera jamais ».

Fourmy ajoute avec plus de raison encore « que la mort du coupable ne peut jamais réparer le crime commis ».

Et cependant, malgré les marques nombreuses et éloquentes de réprobation qui l'ont frappée, la peine de mort est encore en vigueur dans notre législation pénale. Toutefois, il convient de reconnaître que les efforts de ses adversaires n'ont pas été stériles, et que si elle n'est pas effacée de nos Codes, elle n'y tient plus qu'une place qui tend de plus en plus à se restreindre (1).

*
* *

Depuis l'époque où fut promulgué le Code pénal, divers projets de loi tendant à supprimer la peine capitale ont été déposés sur le bureau des Assemblées législatives ; je ne signalerai que les plus importants.

Le 17 août 1830, Victor de Tracy demandait l'abolition de la peine de mort. En présentant sa proposition, le garde des sceaux s'exprimait de la façon suivante : « Toutes les fois que l'on s'occupe de législation pénale, la question de l'abolition de la peine de mort est la première et la plus haute qui s'offre à la pensée. Réclamée par des publicistes et des philosophes, mise en pratique dans quelques pays, l'abolition de la peine de mort est un des vœux les plus ardents de beaucoup d'amis de l'humanité. » Le projet reçut un accueil favorable; mais il n'y fut pas donné suite.

Aux termes du décret du 26 février 1848, confirmé par la Constitution du 4 novembre de la même année, la peine de mort fut abolie en matière politique.

Depuis cette époque, sous le second empire et les gouvernements qui suivirent, nos Chambres furent saisies, à plusieurs reprises, de projets portant suppression de la peine capitale. Si tous furent repoussés, je dois dire que certains n'échouèrent qu'à peu de voix. Je citerai la proposition de Jules Favre, en 1855, et celle dé-

(1) *Journal de Droit criminel,* année 1867, pages 257 et suiv.

posée par Jules Simon sur le bureau du Corps législatif,
le 24 janvier 1870. Ce dernier projet de loi était signé
notamment par Roy de Loulay, J. Ferry, Gambetta, et
J. Favre. Dans l'exposé des motifs, je relève le passage
qui suit : « De toutes parts, un cri s'élève pour qu'on
nous épargne au moins la vue de l'échafaud...... Les
historiens, les jurisconsultes, les poètes, tout ce qui sent,
tout ce qui pense condamne la peine de mort. La civilisation repousse l'échafaud ; l'heure est venue de l'anéan-
tir (1). » Tout en reconnaissant les idées généreuses
dont s'étaient inspirés les auteurs de la proposition,
M. Bourbeau, rapporteur, conclut à son rejet. La
Chambre adopta les conclusions de ce puissant orateur
qui fut un de nos bâtonniers les plus éminents, et dont,
en cette enceinte, je dois saluer respectueusement la
mémoire. Le projet fut écarté par 111 voix contre 97.

Nous rencontrons maintenant la proposition de Schel-
cher, en 1872, et celle de Louis Blanc, en 1876.

A la séance de la Chambre du 23 février 1888, Messieurs Frébault, Clémenceau, de Heredia, Millerand,
Camille Pelletan, et Clovis Hugues déposent une motion
dont l'article premier est ainsi conçu : « La peine de
mort est abolie. »

Le 11 mai 1894, un projet de loi relatif à la suppression de la publicité des exécutions vint en discussion à
la Chambre. M. Dejeante dépose un contre-projet suppri-
mant, en toute matière, la peine capitale.

Tout récemment enfin, à la séance de la Chambre du
9 novembre dernier, sur l'intervention de M. Messimy,
on mit à l'ordre du jour la proposition de loi, adoptée à

(1) *Journal officiel* du 25 février 1870.

adoptée à une très forte majorité par le Sénat, portant suppression de la publicité des exécutions capitales. Il est fort probable qu'au moment de la discussion des voix s'élèveront du sein de notre Parlement pour réclamer encore une fois l'abolition de l'échafaud. Ainsi que je l'ai déjà indiqué, Messieurs, aucun de ces projets n'aboutit.

La peine de mort est-elle appelée à disparaître un jour de notre législation pénale? Ce jour est-il prochain? Je l'ignore, mais qu'il me soit au moins permis de l'espérer. Il suffit en effet de jeter les yeux sur les statistiques criminelles et d'y constater la diminution progressive des exécutions capitales, pour entrevoir le moment où nous verrons tomber l'échafaud.

*
* *

. Le mouvement abolitionniste ne se produit pas seulement en France; il se dessine dans l'Europe entière. Dans tous les pays, les esprits sont entraînés par le même courant; la législation pénale se transforme, s'améliore, s'adoucit. Mais pendant que nous, Français, nous discutons depuis un siècle sur la suppression de la peine capitale, un certain nombre de pays nous ont devancés : « ils ont fait l'expérience que nous n'osons pas faire : ils ont résolument retranché la peine de mort de leur législation (1). »

Le premier des pays qui n'ait pas craint de l'abolir est le duché de Toscane. Je dois dire, il est vrai, que la

(1) J. Simon, Séance au Corps législatif (21 mars 1870).

*

Toscane, après avoir supprimé cette peine, y est revenue ; mais après y être revenue, elle l'a abolie de nouveau.

En 1866, la Roumanie vote l'abolition de la peine de
mort. Le Portugal suit son exemple, et, en 1867, elle est
supprimée dans ce royaume. Le Code pénal portugais fut
révisé en 1884 ; mais nul ne songea à l'y rétablir.

En Hollande, l'abolition date de 1879, et le code promulgué en 1886 confirme cette mesure législative. La
peine de mort est remplacée par une réclusion perpétuelle
dont les cinq premières années sont passées en cellule.

Par la Constitution fédérale du 29 mai 1874, la Suisse
abolit la peine suprême dans tous les Etats. Le plébis-
cite du 18 mai 1877 autorise les cantons à la rétablir
dans leurs lois, sauf pour les crimes politiques. Huit
cantons, — les moins éclairés d'après M. d'Olivecrona, —
profitèrent de cette liberté ; ils rétablirent la peine. Seize
autres maintinrent son abolition. Depuis 1879, trois
condamnations capitales furent prononcées dans les cantons où la peine avait été rétablie ; les condamnés ne
furent pas exécutés.

Les principes abolitionnistes triomphèrent en Italie,
le 15 novembre 1888 ; les travaux forcés à perpétuité
furent substitués à la peine de mort.

Quelle a été, après la suppressoin de la peine capitale
dans ces Etats, la marche de la criminalité ? a-t-elle
augmenté ? Non, Messieurs, les statistiques sont là pour
le constater.

Mais, parmi les pays qui renoncèrent au châtiment
suprême, il en est un dont la situation est particulièrement intéressante : c'est le duché de Weimar. La peine

capitale y fut supprimée en 1849. Sept ans plus tard, la
Diète la rétablit à la majorité de 16 voix contre 14. Peu
de temps après, on réclama de nouveau son abolition, et
voici ce que vint dire à la tribune de la Chambre le dé-
puté Fries. Il déclara que, de 1850 à 1857, époque à
laquelle la peine de mort avait été abolie, deux assassinats seulement avaient eu lieu dans le duché de Weimar
et que depuis son rétablissement, en 1857, le nombre
des crimes avait décuplé.

La peine de mort abolie avait donc eu pour consé-
quence la diminution des assassinats, tandis que la
mort rétablie avait eu pour résultat de décupler le nombre des meurtriers. En présence de ces faits, la Chambre
de Weimar n'hésita pas un seul instant : elle vota l'abolition

Ainsi, Messieurs, voilà des pays où les idées de progrès et d'humanité ont triomphé. Au lieu d'augmenter,
la criminalité y a décru d'une façon considérable. Et
cependant, on ne pourra pas dire que les mœurs, les
habitudes de ces Etats diffèrent des nôtres.

D'Europe, le mouvement abolitionniste s'étend jusqu'en
Amérique. Plusieurs des Etats fédérés de l'Amérique du
Nord ne craignent pas de voter la suppression de la
peine capitale. Le Vénézuela et le Brésil, dans l'Amérique du Sud, suivent cet exemple.

Certains pays n'ont pas encore osé aller aussi loin dans
la voie des réformes; ils ont laissé subsister la peine de
mort dans leurs Codes, mais ils ne l'appliquent pas, et
les condamnations capitales font toujours l'objet d'une
commutation de peine. C'est ainsi qu'en Belgique il n'y
a pas eu d'exécutions depuis de très longues années. Il

en est de même en Finlande, où les procureurs généraux ont successivement affirmé dans leurs rapports que la suppression en fait du châtiment suprème avait contribué à la diminution des assassinats (1).

* *
* *

Si plusieurs Etats n'ont pas hésité à voter la suppression de l'échafaud, et si d'autres pays, tout en maintenant la peine de mort, ne l'appliquent pas, c'est que sans doute ils ont reconnu quelque valeur aux arguments présentés par les abolitionnistes. En France, il n'en a pas été de même, et les théories développées par des hommes d'une autorité incontestable, soit à la Chambre, soit au Sénat, sont restées sans effet : elles n'ont pu convaincre nos législateurs. Nous ne voulons pas supprimer la peine de mort, disent la plupart des membres de nos Assemblées législatives, parce que cette peine est indispensable au maintien de l'ordre dans la société. Certes, s'il est exact que l'ordre dans l'Etat reste subordonné au maintien de cette peine suprème, il faut renoncer à toute réforme sur ce point, car la société humaine a le devoir de vivre pour assurer les destinées des êtres qui la composent, et elle doit être armée des droits essentiels à sa conservation (2). Mais cette nécessité existe-t-elle réellement, et la peine de mort a-t-elle toute l'efficacité qu'on lui attribue? C'est ce que nous devons rechercher.

(1) D'Olivecrona, De la peine de mort.
(2) Chauveau et Faustin Hélie, Théorie du Code pénal, pp. 99 et suiv.

*
* *

Cette efficacité fut mise en doute, il y a environ un demi-siècle, par Livingston, et plus récemment par MM. Mittermaïer, et d'Olivecrona dont les publications sur la peine de mort font autorité. Livingston s'exprimait de la façon suivante : « Que demandons-nous ? Que vous abandonniez une expérience imperturbablement suivie depuis cinq ou six mille ans,.... et qui a toujours manqué son effet. Vous avez fait votre essai.....: souvent, il a été fatal à l'innocence, fréquemment favorable aux criminels, toujours impuissant pour réprimer le crime. Comment se fait-il que, n'apercevant malgré tout, nulle diminution dans le nombre des crimes, il ne vous soit pas venu une seule fois dans l'esprit que la douceur pourrait réussir peut-être où avait échoué la sévérité. »

Est-il donc bien certain, Messieurs, que dans l'état actuel de notre civilisation, la peine de mort soit une condition de sécurité sociale? Les partisans du système pénal actuellement en vigueur ont-ils bien démontré que privée du secours de l'article sept du Code pénal, alinéa premier, la Société deviendrait la proie de crimes plus nombreux ? Assurément non. Qu'ils consultent, en effet, les annales de la statistique criminelle, et ils constateront, d'une part une tendance certaine à restreindre les exécutions capitales; ils verront ensuite que le nombre des crimes n'a point augmenté à raison de cet adoucissement dans la répression. Que nos contradicteurs jet-

tent les yeux sur les tableaux dressés par les criminalis-
tes dans les pays où la peine de mort n'existe plus ;
qu'ils comparent ces tableaux avec ceux qui furent établis
quand la peine capitale existait encore, et ils pourront se
convaincre d'une décroissance certaine dans le nombre
des crimes.

La peine de mort est-elle bien efficace ? A-t-elle la
puissance d'intimidation qu'on veut bien lui supposer ?
Interrogeons les faits, si vous le voulez bien. En 1844,
il y a à Epinal deux exécutions ; un mois après, un em-
poisonnement a lieu dans cette ville; on interroge le coupable : il répond qu'il fut le témoin de l'une de ces exécutions. Momble, meurtrier d'une femme et d'un enfant,
subit sa peine le cinq août 1869. Dix jours après, Trop-
pmann, dont le nom est resté tristement célèbre dans les
annales de la criminalité, commettait le premier de ses
meurtres. Quand il fut exécuté, trois assassinats suivirent
immédiatement son supplice !

Voilà, ce me semble, des faits qui pourront démontrer
déjà l'inefficacité de la peine de mort.

Sans doute, la crainte de l'exécution capitale pourrait
s'imposer à des individus qui réfléchissent, qui sont ca-
pables de peser les avantages d'un choix à faire entre le
bien et le mal. Mais la masse des criminels peut-elle
vraiment s'arrêter, un seul instant, à l'examen de ces
considérations ? Jetez un coup d'œil, Messieurs, sur
cette foule qui entoure un échafaud, et demandez-vous
si elle éprouve autre chose qu'une satisfaction brutale,
en voyant jaillir le sang sous le choc du fatal couperet.
Ce spectacle ne contribue-t-il pas plus à endurcir les
cœurs pervers qu'à leur inspirer une crainte si légère

soit-elle ? Non, le meurtrier qui prémédite le crime que bientôt il va consommer n'est pas retenu par l'idée de la mort. L'expérience a prouvé que des assassinats avaient souvent été commis non loin du lieu même de l'exécution, et que nombre de meurtriers avaient été parfois témoins d'exécutions capitales ; je vous en donnais la preuve, il y a quelques instants.

Mais j'admets que la perspective de la mort puisse arrêter la main de certains criminels au moment où ils vont frapper leur victime, et je me demande alors avec notre confrère, M° Thézard, au cas où les exécutions capitales viendraient à être supprimées : « si l'excédent de crimes qui se produirait peut-être dans les premiers temps ne serait pas largement compensé par une diminution ultérieure? Il semble permis de l'espérer. Le châtiment qu'on pourrait substituer à la peine de mort ne tarderait pas à produire la même intimidation que celle-ci, par cela seul qu'il serait désormais le plus terrible de tous (1). » Non, la menace de l'échafaud n'inspirera jamais une crainte plus sérieuse que la menace des travaux forcés à perpétuité ou d'un emprisonnement suffisamment prolongé.

Les partisans de la thèse opposée ne se tiennent pas encore pour battus; ils poussent plus loin leur argumentation. La peine de mort, disent-ils, est indispensable ; elle est légitime car, ainsi que l'individu, l'Etat a le droit de se protéger si l'agresseur met la vie humaine en péril. La loi, ajoutent-ils, reconnaît à l'individu attaqué le droit

(1) Thézard, Observations sur la peine de mort (*Revue de législ. franç. et étrangère*).

de légitime défense; pourquoi ne reconnaîtrait-on pas ce droit à la société?

Il me semble, Messieurs, que ce sont là deux points de vue bien différents. Lorsque l'individu attaqué veut sauvegarder sa vie directement compromise, souvent il n'a pas d'autres moyens de se défendre que de tuer l'agresseur. La société, elle, n'est pas aussi directement mise en péril par un acte homicide; elle a à sa disposition, comme moyens de protection, une organisation puissante dont elle peut faire usage à chaque instant. Je n'ai jamais songé à contester à l'Etat le droit d'éliminer de son sein le criminel qui rend toute vie sociale impossible; mais « c'est là tout son droit, dit Jules Simon; il peut le retrancher de la société; il n'a pas le droit de le retrancher de la vie; en le faisant, il va au delà de son droit. » Sans doute, la défense de ses membres a pu imposer à l'Etat le devoir d'inscrire dans ses Codes la peine capitale, au temps lointain et presque légendaire où, en l'absence de communications faciles et rapides, et à défaut d'une police suffisante pour protéger la sécurité publique, toutes les routes étaient parcourues par des criminels invétérés, et où chaque forêt recélait des bandes armées prêtes à aller, la nuit, attaquer les habitations et les personnes. Mais il n'en est heureusement plus ainsi, les criminels n'étant, à notre époque, ni assez nombreux, ni assez forts, pour renouveler cette lutte contre la société.

Ainsi, non seulement la peine de mort n'est pas nécessaire; non seulement elle paraît absolument inefficace; mais elle peut encore frapper une tête innocente, et rendre impossible, dans ce cas, une réparation imposée cependant par la plus vulgaire justice. La possibilité de l'erreur judiciaire, voilà ce me semble, Messieurs, l'argument le plus saisissant, sinon le plus décisif des partisans de l'abolition. « Si l'on pouvait réunir tous les flots de sang innocent qui ont été répandus au nom de la loi et de la justice depuis le commencement de notre ère jusqu'au temps actuel, on serait frappé de stupeur » (1). Sans remonter si loin, quelles erreurs ne signale-t-on pas tous les jours dans l'application des peines! Le mathématicien Poisson croit même pouvoir établir scientifiquement qu'en France il y a toujours une personne innocente condamnée sur deux cent cinquante-sept condamnations prononcées par le jury. Plusieurs d'entre vous n'ont-ils pas vu planer la mort sur la tête de certains accusés, dont ensuite l'innocence a été proclamée? Dès lors, comment pourrait-il se faire qu'il ne fût pas resté chez vous un souvenir profond de la responsabilité qui pèse sur les juges? Pour le législateur, pas d'infaillibilité ; pas d'infaillibilité non plus pour la justice. Il faut, pour que la justice soit vraiment la justice, que le droit qui la fait agir apparaisse clairement, et qu'il ne puisse pas être discuté. Quelle objection, Messieurs, contre la majesté de la justice, qu'un innocent mené à l'échafaud, décapité, laissant une famille plongée dans les larmes, la honte et l'ignominie, par le fait d'une erreur judiciaire !

La mort ordonnée par le juge ne donnera pas l'exacte idée de la justice si elle n'est pas nécessaire, si elle doit rester dénuée d'exemplarité, et si, châtiment prononcé

(1) D'Olivecrona.

par un juge faillible, elle frappe une tête que la condam-
nation devait épargner.

Sous d'autres rapports encore, l'abolition serait, je
crois, un bienfait. Considérez, Messieurs, les effets dé-
moralisants d'une exécution capitale. Ne sont-ils pas d'une
nature particulièrement dangereuse ? Non seulement la
vue du sang éveillera de nouvelles excitations, suscitera
de nouvelles violences, engendrera de nouveaux crimes ;
mais il se produit souvent une déviation du sentiment
public en faveur du criminel. On vante son sang-froid, on
exalte son courage. Gravit-il sans trouble les marches de
l'échafaud ? On l'admire. Parle-t-il de repentir ? implore-
t-il son pardon ? On s'attendrit. Trop d'exécutions ont
produit des manifestations de ce genre.

Qu'on ne vienne donc pas invoquer, à l'appui du maintien de la peine capitale, le fait que tous les peuples l'ont
connue et pratiquée ! Serait-ce bien là, Messieurs, une
preuve de sa nécessité ? L'esclavage, les supplices, les
tortures ont eu la sanction des siècles, et cependant la
société n'a pas hésité à s'en débarrasser.

Qu'on ne fasse pas non plus appel à l'opinion publique ! Sans doute, il se peut qu'à la suite de crimes abo-
minables la foule réclame la tête du coupable. Mais est-il
possible de voir dans cet entraînement d'un instant la
preuve indiscutable de la volonté générale. Dès que la
pitié aura fait place aux sentiments d'indignation et de
vengeance, lorsque le coupable aura donné des preuves
de son repentir, les sympathies iront à lui : on le plain-
dra au lieu de le maudire.

*
* *

Les arguments qui préconisent le maintien de l'échafaud, si réelle que soit leur valeur, ne sont donc pas
irréfutables. N'oublions pas que l'idée de suppression de
la peine de mort a fait partout des progrès ; ce n'est donc
point une utopie, c'est une doctrine enseignée par des
sages et des modérés. « Ne croyons pas non plus que la
théorie abolitionniste consiste seulement à supprimer,
par un décret ou par une loi, l'échafaud (1). » « Le mouvement abolitionniste, c'est M. Charles Lucas qui parle,
c'est l'ère nouvelle de la philosophie spiritualiste qui n'est
pas appelée à tuer le corps et à dégrader l'âme, mais à
opérer la transformation de la codification pénale par
l'emprisonnement préventif, répressif et pénitentiaire (2). »

Les idées de progrès, de justice et d'humanité ont
largement contribué déjà à l'adoucissement de la législation pénale. Puissent-elles donc pénétrer plus profon-
dément encore dans nos lois, et faire disparaître l'échafaud de la surface du monde civilisé.

(1) D'Olivecrona.
(2) Lettre à M. le sénateur Bardoux. *Revue critique de droit français*
t. L, p. 473.

Poitiers. — Imp. Blais et Roy, 7, rue Victor-Hugo.

www.ingramcontent.com/pod-product-compliance
Lightning Source LLC
Chambersburg PA
CBHW070231200326
41520CB00018B/5810